AF724275

Conserver la cou[verture]

LES MARTYRS DE PARIS

PAR

EUGENE BELUZE

Sicut oves occisionis
Ps. XLIII

Allons, mes amis!... pour le Bon Dieu!
(Paroles du R. P. Captier, blessé à mort.)

QUATRIÈME ÉDITION
CONSIDÉRABLEMENT AUGMENTÉE

SE VEND AU PROFIT D'UNE BONNE ŒUVRE

PARIS

CHARLES DOUNIOL ET Cie, 29, RUE DE TOURNON

LYON — [GI]RAND, place Bellecour | MARSEILLE — Ve CHAUFFARD, rue des Feuillants

1871

L57b 736 A

R.F. BIBLIOTHÈQUE NATIONALE

Mgr Georges Darboy

ARCHEVÊQUE DE PARIS

LES

MARTYRS

DE PARIS

PAR

EUGÈNE BELUZE

Sicut oves occisionis
Ps. XLIII
Allons, mes amis!... pour le Bon Dieu!
(Paroles du R. P. Captier, blessé à mort.)

QUATRIÈME ÉDITION

CONSIDÉRABLEMENT AUGMENTÉE

BIBLIOTHÈQUE NATIONALE R.F. IMPRIMÉS

DÉPÔT LÉGAL 3692 1871

PARIS

CHARLES DOUNIOL ET Cie, 29, RUE DE TOURNON

LYON
JOSSERAND, place Bellecour

MARSEILLE
Ve CHAUFFARD, rue des Feuillants

1871

Lb 57
1736
A

A LA MÉMOIRE

DE

MONSEIGNEUR GEORGES DARBOY

ARCHEVÊQUE DE PARIS

. . . .

Président d'honneur du Cercle Catholique du Luxembourg,

ET DES GLORIEUX COMPAGNONS

DE SON MARTYRE

Hommage pieux.

Tous droits réservés.

PARIS. — IMP. VICTOR GOUPY, 5, RUE GARANCIÈRE.

LES

MARTYRS

DE PARIS

Sicut oves occisionis.
Ps. XLIII.

Allons, mes amis !... pour le Bon Dieu!
(Paroles du R. P. Captier, blessé à mort.)

Au lendemain de ce drame lugubre, que l'histoire stigmatisera du nom de *Massacres de Mai*, comme elle a déjà marqué de son fer rouge *les Massacres de Septembre*, c'est à peine si nous avons la force de recueillir nos idées et de tracer ces lignes.

Cependant, voulant obéir à l'expression d'un désir qui pour nous est un ordre, nous allons essayer de surmonter notre douleur et de retracer à travers nos larmes ce que nous savons des nobles victimes, immolées par les sicaires de la Commune de Paris.

Il faut remonter à l'assassinat des généraux Lecomte et Clément Thomas pour trouver le prologue de cette tragédie.

De la poitrine de ces braves s'échappèrent, en effet, les premiers flots de ce fleuve de sang dans lequel les misérables bandits, qui, pendant plus de deux mois, ont eu l'insolente fortune de courber sous leur joug la capitale de la France, se sont fait comme une joie féroce de tremper leurs mains.

Mais notre but n'est pas de raconter ce premier drame; nous passerons de suite au récit des derniers événements.

C'est au commencement du mois d'avril que les membres de la Commune réalisèrent pour la première fois l'infernal projet d'arrêter des otages.

Prévoyant leur défaite, ils voulaient se ménager ainsi le moyen de faire avec le gouvernement de Versailles des échanges de prisonniers, ou tout au moins, la faculté d'assouvir leur vengeance dans le cas où l'armée victorieuse parviendrait à franchir les murs de Paris.

Les bandes *fédérées* se jetèrent tout d'abord sur le palais de l'Archevêché, s'emparant avec la plus odieuse brutalité de la personne de Mgr Darboy, et emmenant avec lui deux de ses grands vicaires, Mgr Surat et

M. l'abbé Bayle, ainsi que son secrétaire général, M. Petit (1).

Quelques jours après, la plupart des couvents et des presbytères étaient pareillement envahis, et bon nombre de religieux et de prêtres devenaient les prisonniers des bandits *communeux* (2).

A la maison des Jésuites de la rue de Sèvres, on s'empara des PP. Olivaint, Caubert, de Bengy et Bazin ; à celle de la rue des Postes, des PP. Ducoudray et Clerc ; au séminaire des Missions Étrangères, de M. l'abbé Guérin ; à celui de Saint-Sulpice du pieux directeur de la maison, M. Icard, de M. Roussel, de quelques autres de leurs confrères et de plusieurs séminaristes, au nombre desquels le jeune abbé Seigneret, fils d'un ho-

(1) Mlle Justine Darboy, la digne et courageuse sœur de l'archevêque, qui, avec un admirable dévouement, ne voulait pas se séparer de son frère, fut arrêtée le lendemain et conduite à la Conciergerie, où elle resta détenue pendant trois longues semaines.

(2) Pour plusieurs de ces prisonniers l'incarcération ne fut heureusement pas de longue durée. On sait par exemple que les dames de la halle réclamèrent courageusement la mise en liberté de leur curé, M. l'abbé Simon, et qu'elles purent, le jour même de Pâques, dans l'église de Saint-Eustache, faire à leur digne pasteur une touchante ovation.

M. l'abbé Hogan, membre de la compagnie de Saint-Sulpice et anglais d'origine, fut également relâché à raison de sa nationalité.

norable inspecteur d'académie; en pleine rue, de deux vénérés missionnaires de la Chine, MM. Perny et Houillon.

Enfin, dans une maison de patronage du quartier de Charonne, on trouva bon de capturer un pauvre prêtre, M. l'abbé Planchat, que depuis vingt années nous avions appris à vénérer comme un saint.

Nous savons aussi que beaucoup d'autres ecclésiastiques, parmi lesquels M. Bécourt, curé de Notre-Dame-de-Bonne-Nouvelle, et M. Blondeau, curé de Plaisance, ainsi que quelques frères des Écoles chrétiennes, ceux-là, sans doute, dont la conduite, comme *ambulanciers* sur nos champs de bataille, avait fait l'admiration de la France et de l'Europe, furent vers le même temps emmenés prisonniers.

Ajoutons, pour compléter ce sinistre tableau, qu'à ces hommes de Dieu furent réunis dès les premiers jours plusieurs otages civils et militaires, entre autres l'un de nos plus éminents magistrats de la cour suprême, M. le président Bonjean, un publiciste de talent, M. Gustave Chaudey, père de famille de deux enfants, le trop fameux banquier Jecker,

M. Eyrard, sergent-major au 106e bataillon de la Garde nationale qui, si nous ne nous trompons, contribua vaillamment à étouffer l'insurrection dans la funeste journée du 31 octobre; plus de cent cinquante braves soldats appartenant au corps de la gendarmerie ou à des régiments de ligne, et enfin une foule de gardes nationaux dits *réfractaires* qui avaient préféré l'incarcération et peut-être la mort, au déshonneur et à la trahison, en refusant de se battre contre l'armée versaillaise (1).

Les bornes de cette notice ne nous permettent pas de retracer en détail les circonstances dans lesquelles s'opérèrent ces diverses arrestations. Pour en apprécier le caractère toujours brutal, et souvent féroce, il faut lire l'intéressante relation que vient de publier sous ce titre : *Journal de ma captivité*, M. l'abbé Perny.

Ab uno disce omnes.

Arrêté sur la place du Panthéon par quel-

(1) De ce nombre étaient le prince Galitzin et notre brave ami M. Alphonse Séry, capitaine au 20e bataillon, qui restèrent enfermés pendant vingt jours à la Conciergerie, se virent deux ou trois fois au moment d'être fusillés, et ne durent leur délivrance qu'à l'incendie de la prison.

ques gardes nationaux avinés, comme le chef qui les dirige s'avance, le revolver au poing : « J'ai vu vingt fois la mort d'aussi près, dit sans s'émouvoir le saint missionnaire, et vos menaces ne me font pas peur. »..... Mais l'ignoble foule le saisit et l'entraîne en vociférant ces paroles : « Oui, oui, maintenant nous allons en finir avec toi..... Il faut qu'on te coupe en morceaux !..... »

L'infortuné abbé Allard a raconté pareillement qu'au moment où l'on s'empara de sa personne, l'exaspération de la foule était si grande qu'il s'attendait à être massacré sur place, et, cependant, le jour même de son arrestation, il venait de passer plusieurs heures à soigner les blessés de la Commune et à prodiguer les secours de son ministère à tous ceux qui les réclamaient.

Quant aux traitements subis par nos martyrs durant leur incarcération, ils ne furent pas moins odieux.

Soumis au régime des prisonniers ordinaires, les otages ne purent obtenir aucun adoucissement. Souvent même ils manquaient du nécessaire, et l'abbé Perny raconte avec enjouement comment parfois, il était obligé « de serrer d'un cran son pantalon chinois pour imposer silence aux borborygmes que la faim faisait courir dans ses entrailles (1). »

Le logement du moins valait-il mieux que la nourriture? On peut en juger par la description pittoresque mais fidèle que nous empruntons encore au journal de M. Perny.

« Ma cellule, dit-il, semble être de 2m 60 de largeur sur le double de longueur; une fenêtre élevée et petite laisse entrer un jour suffisant. Un petit lit de fer est fixé à la muraille. L'usage des draps serait de luxe ici. Une petite crédence en bois dur d'environ 50 à 60 centimètres carrés, également fixée à la muraille et pouvant s'abattre à volonté, tient lieu de table. Le tabouret demeure fixé à la paroi du mur par une grosse chaîne de fer. Voilà un bidon qui ne ressemble pas mal à un arrosoir de jardin..... Que dites-vous de cette terrine en poterie comme on en trouve aux îles Sandwich? Il nous a fallu un moment de réflexion pour deviner que c'était une cuvette pour se laver. La chose serait facile,

(1) *Journal de ma captivité.*

mais nous sommes sans linge. Ce qui nous a jeté aussi dans le ravissement, c'est ce morceau informe de bois blanc qui sert au pauvre prisonnier, tout à la fois, de cuiller, de fourchette et de couteau..... L'ameublement de la cellule se complète par deux petits balais, l'un en bouleau, l'autre en chiendent, dont on se sert pour la propreté de la demeure. Enfin, la politesse française interdit de nommer cette espèce de siége fort ingénieux, qui fait l'angle du coin droit et qui, vous le pensez bien, n'est point du tout un siége étrusque. »

Les otages, d'abord conduits à la Conciergerie, furent bientôt répartis dans différentes prisons ; mais on assigna pour résidence au groupe le plus nombreux la prison de Mazas.

Le départ eut lieu dans des voitures cellulaires.

« Ma plus grande humiliation durant toute cette captivité, nous dit M. Perny, fut de me voir dans cette voiture.

« Chacun de nous y fut enfermé à clef dans une case si étroite qu'on ne pouvait s'y mouvoir.

« L'air faisait défaut, on y éprouvait par

conséquent un malaise très-pénible. Un prêtre du clergé de Saint-Antoine, d'une taille élevée et d'un certain embonpoint, perdit à peu près connaissance, aussitôt qu'il y fut entré : « De l'air ! de l'air ! » criait-on de tous côtés en frappant contre les portes. — « On va vous en donner ; » mais on ne venait pas. — « Je meurs ! de grâce, je vous en supplie, « criait d'une voix entrecoupée de sanglots le « bon prêtre de Saint-Antoine, un peu d'air ou « je me meurs ! » — « J'enfonce le vasistas si vous ne venez pas, criaient d'autres détenus. » « On y va ! on y va ! » répondait-on du dehors, mais l'on ne s'empressait guère. — Les larmes me coulèrent alors des yeux, en voyant les souffrances de mes compagnons et l'inhumanité de nos bourreaux. On nous laissa plus de vingt minutes dans ce douloureux état. Le tumulte était au comble. Enfin la voiture s'ébranla, mais l'air désiré ne vint pas, et le trajet parut long, bien long. Deux ou trois fois nous fîmes halte pendant quelques minutes, je ne sais pourquoi. Enfin on arriva à Mazas (1). »

(1) *Journal de ma captivité.*

Mais Mazas ne devait pas être la dernière station de ce sanglant calvaire.

En effet, dans la journée du 22 mai, comme l'armée assiégeante occupait déjà le moitié de Paris, les prisonniers urent transférés à la maison de la Roquette où d'ordinaire sont enfermés les condamnés à mort, funeste présage, hélas ! du sort qui les attendait !

Le transfert s'opéra, cette fois, au moyen de voitures de déménagements, dites *tapissières*. Lorsqu'on y eut installé les prisonniers, on les fit stationner pendant plus d'une heure dans la cour. « Au dehors, la foule était immense et impatiente. Elle savait qu'on allait conduire le clergé à la Roquette. Elle frappait avec violence à la porte, menaçant de l'enfoncer si on ne l'ouvrait pas. A la vue de cette foule d'enfants, de femmes du peuple, d'hommes en blouse à la figure sauvage, exaspérés, poussant des cris de joie féroces, j'éprouvai peut-être, nous dit M. Perny, la plus pénible impression de toute ma vie. Ce flot populaire grossissant de minute en minute accompagnait les voitures. Les injures les plus basses, les vociférations les plus éhontées sortaient à la fois de toutes ces bouches *hideuses à voir.* Jamais, non jamais, on ne saurait imaginer quelque chose d'aussi épouvantable; je croyais voir une légion de démons acharnés à notre suite.

« Mgr l'archevêque baissait les yeux.

« Une fois ou deux, M. le curé de la Madeleine dit au prélat : Vous entendez, Monseigneur? L'archevêque garda le silence.

« Arrêtez! arrêtez, à quoi bon aller plus « loin! criait la plèbe en furie, à bas les « calotins! Qu'on les coupe en morceaux ici. « N'allez pas plus loin. A bas! à bas! »

« Vous eussiez dit une troupe de tigres altérés de sang (1)! »

C'est au milieu de cette tempête populaire que le cortége des prisonniers sortit de Mazas. Une demi-heure après, vers huit heures du soir, la lourde porte de la Roquette se refermait sur eux.

Nous sommes au lundi 22 mai.

Mgr l'archevêque fut placé dans la cellule n° 23, qui servait auparavant de cabinet à un surveillant. Cette cellule, un peu plus spacieuse que les autres, n'était pas moins pauvre-

(1) *Journal de ma captivité,*

ment meublée avant qu'on y eût apporté, vers le soir, une chaise de paille et une méchante table.

Cependant une grande consolation attendait à la Roquette nos glorieux martyrs.

Par une faveur inespérée, ils obtinrent de leurs gardiens la permission de passer quelques heures ensemble.

Quelle plume pourra jamais décrire les ineffables délices de ces heures bénies !

Comment retracer la joie de nos captifs, qui, après une réclusion absolue de plusieurs semaines, purent enfin se revoir et s'embrasser ! Nous renonçons, quant à nous, à peindre un tel tableau. Il faudrait pour cela, s'inspirant des actes des martyrs de la primitive Église, pouvoir reproduire avec la palette de M. de Châteaubriant, les scènes émouvantes de ces dernières agapes, qui, par une pitié suprême des Néron et des Domitien, réunissaient dans les cachots de l'amphithéâtre, ceux que la dent des lions allait bientôt dévorer.

A cette époque sanglante des annales de notre foi, Dieu qui n'abandonne jamais les siens, fortifiait le courage de ses confesseurs par des grâces singulières, et la plus grande de toute était assurément la communion au corps et au sang de son divin Fils. On sait en effet avec quelle sollicitude les chrétiens des catacombes employaient leurs soins à procurer à leurs frères captifs les moyens de se nourrir de l'auguste Victime de nos autels, et le martyre de saint Tharsis en est l'irrécusable et sanglant témoignage (1).

La providence divine ne pouvait manquer de ménager le même insigne bonheur à notre saint prélat et aux autres compagnons de sa captivité.

Pendant leur séjour à Mazas (2), une noble femme, Mme Blunt, Américaine de naissance, et encore à ce moment protestante de religion (3), eut l'héroïque courage de porter à nos chers prisonniers des hosties consacrées. Par une pieuse industrie, un ecclésiastique les avait enfermées dans un pot de crème à double fond, et Mme Blunt, trompant ainsi la

(1) Le jeune Tharsis fut mis à mort au moment où il portait les saintes espèces aux chrétiens prisonniers.

(2) Relation du P. Bazin.

(3) Mme Blunt, depuis longtemps instruite des vérités de la foi, a fait abjuration et a reçu le sacrement de baptême le jour même de la Pentecôte.

vigilance des gardiens, put remettre en mains sûres son précieux trésor. Depuis lors, chaque prêtre conservait dans un sachet de toile blanche suspendu sur sa poitrine, « cette source sainte de force et de consolation, dont on n'a nulle idée, lorsqu'on n'est pas condamné à mort (1). »

Le mardi soir donc, l'archevêque et les prêtres, après s'être confessés, firent en viatique la sainte communion. Mgr Darboy fut en cette circonstance, nous dit un témoin oculaire, humble et pieux comme un simple prêtre, et tous les prisonniers reçurent de la présence de N. S. Jésus-Christ dans leur cœur, des consolations si abondantes, qu'ils ne purent s'empêcher de pleurer de joie.

« Le mercredi, 24 mai, à sept heures et demie du soir, le directeur de la prison, un certain Lefrançais, homonyme du membre de la Commune et ayant séjourné six années au bagne, monta dans la prison à la tête de cinquante fédérés, parmi lesquels se trouvait un pompier, et occupa la galerie dans laquelle étaient renfermés les prisonniers principaux.

(1) Le P. Bazin.

Ces fédérés se rangèrent dans la galerie qui conduit au chemin de ronde du nord, et, peu d'instants après, un brigadier de surveillance alla ouvrir la cellule de l'Archevêque et l'appela à voix basse. Le prélat répondit : *Présent!* Puis il passa à la cellule de M. le président Bonjean ; ensuite ce fut le tour de M. l'abbé Allard, membre de la société internationale de secours aux blessés, du P. Ducoudray, supérieur de l'école de Sainte-Geneviève, et du P. Clerc, de la Compagnie de Jésus. Enfin, le dernier appelé fut M. l'abbé Deguerry, curé de l'église de la Madeleine. A peine leur nom était-il prononcé que chacun des prisonniers était amené dans la galerie et descendait l'escalier conduisant au chemin de ronde ; sur les deux côtés, autant qu'il me fut permis de juger, se tenaient les gardes fédérés insultant les prisonniers et leur lançant des épithètes que je ne puis reproduire (1). — Mes infortunés compagnons furent ainsi suivis par les huées de ces misé-

(1) Les injures qui revenaient le plus souvent sur les lèvres des assassins étaient celles de *canailles* et de *crapules*.— Rapport du R. P. Escalle au général commandant le premier corps d'armée.

BIBLIOTHÈQUE NATIONALE R.F. IMPRIMÉS

rables jusqu'à la cour qui précède l'infirmerie; là, il y avait un peloton d'exécution. Mgr Darboy s'avança et, s'adressant à ses assassins, il leur dit quelques paroles de pardon; deux de ces hommes s'approchèrent du prélat et, devant leurs camarades, s'agenouillèrent et implorèrent son pardon; les autres fédérés se précipitèrent vers eux et les repoussèrent en les insultant, puis se retournant vers les prisonniers, il leur adressèrent de nouvelles injures. Le commandant du détachement en fut outré. Il fallait donc que ce fût bien violent. Il imposa silence à ces hommes et, après avoir lancé un épouvantable juron !.. — Vous êtes ici, dit-il, pour fusiller ces gens-là et non pas pour les eng... — Les fédérés se turent et sur le commandement de leur lieutenant ils chargèrent leurs armes.

« L'abbé Allard fut placé contre le mur et le premier frappé. Mgr Darboy tomba à son tour, mais seulement à la troisième décharge (1). »

« Pendant l'appel, l'abbé Deguerry tenait dans sa main une hostie consacrée et atten-

(1) Lettre de M. Eyrard, sergent-major au 106e bataillon.

dait. Son nom retentit. Il la consomma et reçut le coup de la mort en faisant son action de grâce.

« M. le président Bonjean se montra, lui aussi, chrétien énergique; jusqu'au dernier moment, il donna le bras à l'Archevêque et s'entretint avec lui écoutant sans aucune indignation apparente les injures de ses bourreaux (1). »

« Les six prisonniers furent ainsi fusillés, et en présence seulement de quelques bandits. Les corps des malheureuses victimes furent placés tout habillés dans une voiture de la Compagnie de Lyon, réquisitionnée à cet effet, et conduits au cimetière du Père-Lachaise, où on les déposa dans la dernière tranchée de la fosse commune, à côté les uns des autres, sans même qu'on prît soin de les couvrir de terre (2). »

« Le jeudi 25 mai, il ne se passa rien d'extraordinaire dans la prison, mais la lugubre soirée de la veille donna des appréhensions pour le soir. Le P. Olivaint était aussi

(1) Récit du P. Bazin,
(2) Lettre de M. Eyrard.

en train et joyeux que de coutume. Il encourageait les autres, et comme le bruit de la fusillade (entre les troupes de l'armée versaillaise et celles de la Commune) se rapprochait sensiblement, il essayait de leur inspirer l'espoir d'une prochaine délivrance. Seul Mgr Surat changeait physiquement. Il souffrait du cœur, son visage était coloré et son nez très-enflé. La mort de son cinquième archevêque le terrifiait. Cependant, les bons Pères l'animèrent à la confiance, et, réconforté par leurs paroles, il les remercia avec une touchante bonté.

« Le vendredi 26 mai, même après-midi que le jour précédent. Il était convenu que si un appel avait lieu, celui des prisonniers qui le premier en aurait connaissance avertirait les autres en mettant à sa fenêtre un morceau de papier blanc..... Dans la soirée, le P. Bazin, auquel nous empruntons presque littéralement tous ces détails, voit le fatal papier à la croisée de l'abbé Bayle. Il aperçoit bientôt après l'abbé Bayle lui-même qui lui fit un signe, ouvrant les deux mains, puis une seule main, puis le pouce. Cela voulait dire que seize prêtres allaient mourir, et avec eux malheureusement un grand nombre d'autres prisonniers.

« Cet appel réunit en effet près de cinquante personnes qu'un détachement de démons incarnés attendait à la grande porte de la prison pour les conduire, au son d'une musique infernale et au milieu de la population insultante de Belleville, à un nouveau Golgotha (1). »

On peut suivre sur un plan de Paris la trace de ce chemin de croix.

Laissant la Roquette à gauche, le sinistre cortége, qui grossissait de minute en minute par l'adjonction de la foule ignoble des curieux, s'avança par le boulevard des Amandiers du côté de la rue de Paris et suivit cette rue jusqu'à la rue Haxo.

Vers le haut de la rue Haxo se trouve un ancien cimetière qu'on appelle aujourd'hui le plateau Saint-Fargeau, et sur ce plateau une *cité*, c'est-à-dire un ensemble de maisons réunies par une cour intérieure, portant le n° 83, et connue sous le nom désormais célèbre de Cité-Vincennes.

(1) Relation du P. Bazin.

C'est dans le jardin intérieur de cette *cité* qu'entrèrent, sous l'escorte toujours plus nombreuse de leurs bourreaux, les malheureux prisonniers.

Un cavalier qui suivait fit un instant caracoler son cheval, aux applaudissements de la foule, et entra à son tour dans l'enclos en prononçant ces horribles paroles : « Voilà, mes amis, une bonne capture ; fusil- « lez-les ! »

Avec lui et lui serrant la main, entre un homme jeune encore, pâle, blond, élégamment vêtu. Ce misérable qui paraissait être d'une condition supérieure à ceux qui l'entouraient, exerçait une certaine autorité sur la foule. Comme le cavalier, il suivait les otages, et, comme lui, il excitait le peuple en s'écriant : « Oui, mes amis, courage ! fusillez- « les ! »

L'enclos était déjà occupé par les états-majors des diverses légions. Les cinquante otages et les bandits qui leur faisaient cortége achevèrent de le remplir et très-peu de personnes faisant partie de la multitude massée aux alentours purent pénétrer à l'intérieur.

Vers huit heures et demie du soir, on entendit du dehors, pendant sept à huit minutes, de sourdes détonations mêlées d'imprécations et de cris tumultueux, et les prisonniers furent assassinés en masse à coups de revolvers.

A ce moment, un homme en blouse et en chapeau gris, portant un fusil en bandoulière, sortit du jardin. A sa vue la foule applaudit; de jeunes femmes lui frappant familièrement sur l'épaule : « Bravo, mon ami ! lui dirent-elles; tu as bien travaillé (1). » Après cela les corps des victimes furent jetés dans un puisard (2), et puis, chose horrible à dire ! ces assassins, comme de vrais sauvages, reprirent leurs instruments de musique et exécutèrent avec les spectateurs, jusqu'à une heure avancée de la nuit, la plus ignoble des saturnales !!... (3)

Le samedi 27 mai, vers 3 heures de l'après-midi, le *citoyen* Ferré, membre de la Com-

(1) Rapport du R. P. Escalle.

(2) On croit, d'après la position des corps, que le P. Caubert dut être massacré le premier. Après lui les PP. Olivaint et de Bengy, puis l'abbé Planchat et enfin un jeune séminariste M. Seigneret.

(3) Relation du P. Bazin.

mune et délégué à la sûreté générale, se rendit au greffe de la Roquette et fit venir les condamnés du Pénitencier, détenus dans la prison, en attendant leur transfert au bagne. Il leur déclara qu'ils étaient libres. Des armes et des munitions leur furent données et bientôt devait commencer un nouveau massacre (1).

Cependant la mesure prise par le *citoyen* Ferré avait occasionné un certain désordre. Un instant les portes de la prison s'ouvrirent, et, franchissant l'enceinte, plusieurs prisonniers parmi lesquels, l'abbé Bayle (2), l'abbé Petit et Mgr Surat, purent s'enfuir. Les deux premiers, jeunes et agiles, furent assez heureux pour échapper aux poursuites des assassins; mais Mgr Surat, vieillard, accablé par l'âge, à bout de force à raison des privations de tout genre qu'il endurait depuis deux mois, et ayant d'ailleurs commis l'imprudence d'emporter sa soutane sous le bras, ne tarda

(1) Lettre de M. Eyrard.

(2) M. Bayle, égaré dans sa fuite au milieu d'un dédale de petites rues, tomba sous le poids de la fatigue devant la porte d'une modeste maison. Il y fut recueilli par les braves concierges, Bretons de naissance et de cœur et échappa ainsi, d'une manière providentielle, à la fureur de ses assassins.

pas à être reconnu et, à la suite d'une décharge de mitraille partie de la barricade voisine, brusquement séparé de ses compagnons, il disparut au milieu d'une épaisse fumée.

Quand, plus tard, son corps fut retrouvé, il était horriblement mutilé, l'œil traversé par la pointe d'une baïonnette, le crâne brisé d'un coup de crosse et la joue percée d'une balle !..... (1)

Pendant ce temps-là une horrible bataille se livrait à l'intérieur de la prison. Les otages au nombre de cent-cinquante, la plupart gendarmes ou soldats de la ligne, avaient organisé contre l'attaque des forçats et des fédérés la plus vigoureuse résistance, barricadant leur quartier au moyen de tous les objets qui leur tombaient sous la main.

Vers le milieu de la nuit, la fusillade de l'armée de Versailles s'entendit distinctement au loin d'abord, puis plus près.... Et bientôt ce cri : *Les Versaillais !* retentit aux oreilles des prisonniers...., Mais le bon P. Bazin et l'abbé Amodru qui, avec un héroïque courage et une prudence consommée, commandaient la dé-

(1) Relation du P. Bazin.

fense : « Tenez bon, mes amis, s'écrient-ils, c'est une trahison ! » C'était en effet une dernière et ignoble lâcheté des massacreurs.

Enfin, au point du jour, les portes de la Roquette sont enfoncées par l'armée libératrice. Mais les prisonniers auxquels on annonce cette bonne nouvelle refusent d'y croire et veulent continuer la lutte. Alors le P. Bazin demande, par une ouverture, le nom de l'officier supérieur. — De Turenne, répond-on. Les soldats exigent des armes comme garantie ; on leur en donne. Le comte de Turenne fait de plus passer son anneau armorié. A ce signe on se reconnaît, on ouvre les portes et les soldats se trouvent providentiellement en face d'une division de leur propre régiment (1).

Nous n'ajouterons rien à ce récit que nous avons emprunté presque textuellement aux sources les plus authentiques. Mais, hélas ! ce n'était pas encore là le dernier acte de cette tragédie.

A une autre extrémité de Paris, au fort de Bicêtre, un second groupe de prisonniers com-

(1) Relation du P. Bazin.

posé de cinq religieux Dominicains du tiers-ordre-enseignant, de plusieurs ecclésiastiques et de quelques domestiques appartenant au collége d'Arcueil, se trouvaient incarcérés, devant bientôt subir, dans des circonstances non moins horribles, le même sort que les prisonniers de la Roquette.

Nous laissons encore une fois la parole à l'un des trop rares survivants de cette affreuse boucherie, M. l'abbé Grandcollas, qui a consigné dans la lettre suivante le récit de ce nouveau drame :

« Le vendredi, 19 mai, un membre de la « Commune, suivi du gouverneur de Bicêtre « et du sieur Cerisier (1), à la tête du 101e bataillon, s'est présenté à l'école Albert-le-« Grand (collége d'Arcueil), vers 4 heures et « demie du soir, et nous a tous emmenés, les « religieuses (2) à la préfecture de police et « plus tard à Saint-Lazare ; les père Domini-

(1) Condamné trois fois à mort, et ne croyant, ainsi qu'il le disait lui-même avec un ignoble cynisme, ni à Dieu, ni aux hommes.

(2) Ces religieuses sont chargées de la direction de l'infirmerie et de la lingerie du collége,

« cains, les professeurs et les domestiques du « collége au fort de Bicêtre, où l'on nous a « jetés dans une casemate, après nous avoir « dépouillés de tout, même de nos bré- « viaires (1).

« Jeudi dernier, 25 mai, vers 8 heures du « matin, au moment où la garnison quittait « le fort en toute hâte, un officier est venu « nous dire : Vous êtes libres ! seulement « nous ne pouvons vous laisser entre les « mains des Versaillais, il faut nous suivre « aux Gobelins ; ensuite vous irez dans Paris « où bon vous semblera. »

« Le trajet fut long et pénible ; des me-

(1) Lorsque le signal du départ allait être donné, sept ou uit élèves restés dans le collége et menacés un instant, eux aussi, de subir le même sort que leurs maîtres, se mirent à genoux, autour du père Prieur et lui demandèrent une dernière bénédiction.

« Mes enfants, leur dit-il, vous voyez ce qui se passe, sans doute on vous interrogera. Soyez francs et sincères comme si vous parliez à vos parents... Rappelez-vous ce qu'ils vous ont recommandé en vous confiant à nous, et quoi qu'il arrive, souvenez-vous que vous avez à devenir des hommes capables de vivre et de mourir en Français et en Chrétiens. Adieu !... que la bénédiction du Père, du Fils et du Saint-Esprit descende sur vous et y demeure toujours, toujours ! »

Pour se rendre au fort de Bicêtre, les prisonniers durent traverser les rues du village d'Arcueil. Partout sur leur passage, ils recueillirent des marques non équivoques de douloureuse sympathie : « Quand ils sont passés devant notre porte,

« naces de mort étaient à tout instant pro-
« férées contre nous par la populace. Arrivés
« à la mairie des Gobelins, on ne veut plus
« nous laisser libres. — Les rues ne sont pas
« sûres, nous dit-on, vous seriez massacrés
« par le peuple. — D'abord on nous fait as-
« seoir dans la cour intérieure de la mairie
« où pleuvaient les obus, puis un nouvel offi-
« cier arrive et nous mène à la prison disci-
« plinaire du secteur, avenue d'Italie, 38.
« Dans l'avenue nous apercevons le 101e avec
« son chef, le docteur Cerisier. Nous étions
« ses prisonniers.

« Vers 2 heures et demie, un homme en

disait, les larmes aux yeux, une pauvre femme, et que j'ai vu marcher au milieu des soldats le P. Captier et tous ces messieurs qui nous faisaient tant de bien, j'ai pensé que c'était Jésus-Christ avec ses disciples allant à Jérusalem pour être crucifiés ! »

Dans une notice intitulée *Les Martyrs d'Arcueil*, le R. P. Lecuyer, vicaire général des Dominicains du Tiers-ordre-enseignant, raconte avec émotion les douloureux détails de la captivité de nos chers martyrs. Cette captivité fut des plus dures et des plus odieuses. « Un matin que l'horizon était en flammes du côté de Paris, comme le P. Captier disait son office en marchant à grands pas : Oui, priez Dieu, lui cria d'une voix ironique à travers la fenêtre, l'un de ses geoliers, afin que les torpilles dont la ville est remplie ne fassent pas explosion. — « Je le fais, » répondit paisiblement et tristement le religieux. Sublime parole et sainte prière que dans sa miséricorde le bon Dieu a daigné exaucer.

« chemise rouge, ouvre brusquement la porte
« de la salle où nous étions enfermés et nous
« dit : « Soutanes, levez-vous! on va vous
« conduire aux barricades. »

« Nous sortîmes, les balles pleuvaient avec
« une telle intensité dans la cour que les in-
« surgés l'abandonnèrent. On nous ramena à
« la prison disciplinaire sur l'ordre du com-
« mandant Cerisier. Nous nous confessons
« une dernière fois et le père Prieur nous
« exhorte tous à bien mourir.

« A 4 heures et demie environ, nouvel
« ordre du sieur Cerisier. Cette fois nous
« partons tous, religieux, professeurs, domes-
« tiques, entourés par des gardes du 101e
« qui chargent devant nous leurs ames. A la
« porte extérieure de la prison, le chef du
« détachement nous crie :

« — Sortez un à un dans la rue !

« Puis le massacre commença. J'entends
« le père Prieur dire :

« —Allons, mes amis!... pour le bon Dieu!
« — et c'est tout! »

Le P. Cotrault sortit le premier, et fut frappé mortellement. Le P. Captier, atteint d'une balle qui lui brisa la jambe, alla tomber, transpercé d'une autre balle, à plus de 100 mètres, vers le lieu où en 1848 les insurgés de juin fusillèrent le général Bréa. Le P. Bourard, après avoir été blessé, put faire quelques pas dans la même direction, puis il s'affaissa sous une seconde décharge. Les PP. Delhorme et Chatagneret tombèrent foudroyés. M. Gauquelin tomba avec eux. M. Voland et cinq domestiques, sortis de l'impasse à la suite des Pères, eurent le temps de traverser l'avenue d'Italie, mais ils furent frappés à mort avant d'avoir trouvé un refuge (1).

« J'ai survécu avec quelques profes-
« seurs (2) et domestiques à cette épouvan-
« table fusillade, continue M. l'abbé Grand-
« collas. Une balle avait traversé mon par-
« dessus sans m'atteindre.

« Je pus me jeter dans une maison ouverte

(1) *Les Martyrs d'Arcueil*, par le T. R. P. Lécuyer, Victor Palmé, éditeur.

(1) Entre autres l'excellent P. Rousselin, censeur de l'école Albert-le-Grand. — Le P. Rousselin qui avait laissé croître sa barbe pendant le siége, portait de plus, lors de son arrestation, quelques vêtements laïques sous son habit religieux. Avec ces apparences insolites et beaucoup de sang-froid, il put passer inaperçu parmi les fédérés et rejoindre bientôt les troupes régulières. (*Les Martyrs d'Arcueil.*)

« sans être vu. Là, une femme me fit prendre « à la hâte les vêtements de son mari et je « restai chez elle jusqu'au moment où arri- « vèrent les soldats du 113e de ligne, qui me « reçurent dans leurs rangs avec le plus grand « empressement. Un chef de bataillon, dont « je regrette de ne pas savoir le nom, me « donna un sergent et quelques hommes pour « aller reconnaître nos chères victimes.

« Vous savez le reste. Nous n'avions pas « retrouvé le corps du P. Captier, et je con- « servais l'espoir qu'il aurait pu, comme moi, « se sauver.

« Hélas! lui aussi, une des plus belles in- « telligences de son temps, il était massacré. « Je n'en pouvais plus. Hier un des survi- « vants, M. Résillot, accompagné d'un jeune « homme, M. Bairally, qui nous avait offert « ses services avec le plus louable empresse- « ment, se rendit aux Gobelins pour réclamer « les corps recueillis la veille par les bons « frères des Écoles chrétiennes. Là, ils trou- « vèrent M. le maire et M. le curé d'Arcueil, « déjà prévenus, ainsi que l'abbé Delarc, « aumônier de l'hospice Cochin (1).

(2) M. l'abbé Guillemette, desservant de la chapelle de la

« Les corps (douze en tout) furent trans-
« portés dans la soirée à l'école Albert-le-
« Grand, par permission expresse du maré-
« chal Mac-Mahon.

« Samedi, 27 mai 1871.

« L'abbé GRANDCOLLAS,
« 10, *rue Mézières, hôtel Samson.* »

Les corps de nos glorieux martyrs se trouvaient affreusement mutilés.

« Le P. Captier portait deux traces de coup de feu : l'une, énorme à la jambe gauche; l'autre, plus petite, près du cœur. Ses yeux étaient encore ouverts, ses mains étendues, sa figure calme bien que couverte de sang : on eût dit qu'il allait encore parler. Le P. Bourard avait les yeux fermés et la bouche ouverte. Lui aussi avait reçu deux coups de feu, l'un sous l'œil gauche, l'autre en pleine poitrine. Le P. Cotrault, frappé à la gorge et au sein droit, avait une figure paisible et rayonnante : on eut dit un ange endormi. Le P. Delhorme gardait une figure douce et calme, avec des yeux à peine entr'ouverts. Il portait

Glacière et M. J. d'Arsac, professeur au collége d'Arcueil, furent aussi des premiers à reconnaître les corps de nos saintes victimes.

près du cœur une plaie effrayante et sa robe blanche était couverte de sang. Le P. Chatagneret avait le crâne brisé et le corps couvert de blessures, ayant reçu plus de dix balles et subi spécialement, parce qu'il était le plus jeune, la fureur des assassins (1).

Et maintenant laissons tomber le voile sur ce drame sanglant. Aussi bien faut-il ménager la sensibilité de nos lecteurs, et ne pas leur présenter trop longtemps un tableau si lugubre. Qu'on nous permette cependant de dire encore quelques mots sur la vie de ces illustres et saintes victimes que nous avons eu l'insigne bonheur de connaître pour la plupart, et dont quelques-unes ont daigné nous honorer d'une intime amitié.

MONSEIGNEUR DARBOY.

Le vénérable Archevêque occupait depuis neuf ans le siége métropolitain de Paris. Né en 1813, d'une famille fort humble, au petit village de Fayl-Billot (Haute-Marne), il s'é-

(1) *La guerre civile et la Commune de Paris en* 1871, par M. d'Arsac. Paris, Curot, éditeur.

leva par son seul mérite à l'une des plus hautes dignités de l'Église. Après avoir fait de brillantes études au séminaire de Langres, il reçut la prêtrise en 1836 et fut aussitôt nommé vicaire de Saint-Dizier. C'était par ce poste modeste que débutait cet homme, auquel l'avenir réservait de si hautes, mais en même temps si douloureuses destinées! Quelques années plus tard, son évêque, Mgr Parisis, l'attacha comme professeur à son grand séminaire.

Puis, vers 1847, le jeune prêtre vient à Paris, se fait remarquer par diverses publications et obtient bientôt, de la confiance de Mgr Affre, la charge de second aumônier du collége Henri IV.

C'est là qu'après l'héroïque trépas du prélat martyr, le nouvel archevêque de Paris, Mgr Sibour, donna au jeune aumônier sa confiance et son amitié au point de l'appeler dans ses conseils en qualité de vicaire général. L'abbé Darboy remplit ses nouvelles fonctions ave une intelligence remarquable, et il les conserva, sous l'administration du cardinal Morlot, jusqu'au jour où il fut nommé à l'évêché de Nancy.

Le nouvel évêque n'occupa ce siége que quatre ans, et, à la mort du cardinal Morlot, il lui succéda comme archevêque de Paris. Ses bulles de préconisation sont du 16 mars 1863.

L'élévation de Mgr Darboy au premier siége épiscopal de France ne changea en rien la simplicité et l'austérité de sa vie. Menant au milieu des pompes de la cour l'existence la plus laborieuse, il s'occupait activement, soit de l'administration de son diocèse, soit des études qui avaient fait le charme de sa jeunesse. Aussi, laisse-t-il après lui d'admirables mandements, qui sont le digne couronnement de ses œuvres théologiques, philosophiques et littéraires (1).

La malheureuse guerre qui vient d'écraser notre infortuné pays trouva Mgr Darboy au poste d'honneur et de péril où Dieu l'avait placé, consolant et encourageant ses ouailles, mais le cœur brisé de douleur en voyant la France qu'il aimait tant, accablée sous l'humi-

(1) Voici le titre des principaux ouvrages de Mgr Darboy dans l'ordre des dates où ils ont été publiés : 1° *Traduction des œuvres de saint Denis ;* 2° *les Femmes de la Bible* ; 3° *une Traduction nouvelle de l'Imitation de Notre-Seigneur ;* 4° *Jérusalem et la Terre-Sainte* ; 5° *Statistique religieuse du diocèse de Paris ;* 6° *enfin une histoire fort remarquable de saint Thomas Becket*.

liation de ses défaites et de ses malheurs.

Sa dernière et sa plus chère occupation, au moment où il devint prisonnier des brigands de la Commune, était de travailler à la fondation d'un orphelinat pour les enfants pauvres des défenseurs de la Patrie.

Quelques années auparavant (rapprochement touchant!), l'éminent prélat avait mis uu zèle pieux à ériger un monument funèbre à la mémoire des prêtres massacrés par les ancêtres des *communeux*, aux jours néfastes de la première révolution, et à recueillir dans la chapelle souterraine des Carmes ces ossements bénis, que, par une inconcevable profanation, M. le baron Haussman venait, pour le percement d'une nouvelle rue, d'exproprier de leurs tombeaux.

On nous assure aussi qu'au moment de son arrestation, l'archevêque de Paris tenait cachée sous ses vêtements une relique précieuse. C'était une croix de l'illustre martyr de Cantorbery, saint Thomas Becket, sur laquelle se trouvaient gravés ces mots : *Est pro justitia cæsus in ecclesia* (1). Il portait également

(1) Massacré sur les marches de l'autel pour la cause du droit.

sur sa poitrine la croix que lui avait léguée Mgr Affre et avait au doigt l'anneau pastoral de l'infortuné Mgr Sibour.

« Peu de jours avant la lamentable catastrophe qui devait nous l'enlever si cruellement, Mgr Darboy avait reçu de Notre Saint-Père le Pape une lettre affectueuse et paternelle, qui restera comme un nouveau témoignage de la haute et particulière estime dans laquelle Sa Sainteté le tenait. C'était la réponse à une lettre du vénéré prélat, dans laquelle il avait exprimé, avec tous ses collègues dans l'épiscopat et d'une façon aussi élevée que touchante, son adhésion d'esprit et de cœur à toutes les définitions dogmatiques que le saint Concile du Vatican a solennellement promulguées....

« Ce ne fut pas une médiocre consolation pour l'Archevêque de Paris, captif pour la foi, de recevoir de l'auguste prisonnier du Vatican, des encouragements qui, s'inspirant de circonstances analogues, amenées par les mêmes erreurs et les mêmes crimes, avaient une grâce particulière pour consoler et pour émouvoir (1). »

(1) Instruction pastorale de Mgr Foulon, ami particulier de

MONSEIGNEUR SURAT.

Mgr Surat, né en 1804, ancien secrétaire particulier de Mgr de Quelen, remplissait depuis plus de vingt ans les fonctions de vicaire général dans le diocèse de Paris. Il était en dernier lieu archidiacre de Notre-Dame et avait, en 1867, reçu de la bienveillance du Souverain Pontife la dignité de Protonotaire apostolique.

M. L'ABBÉ DEGUERRY.

M. Deguerry, issu d'une pauvre famille d'ouvriers lyonnais, ne dut qu'à lui-même la haute position qu'il occupait dans le clergé de Paris. Successivement curé de Saint-Eustache et de la Madeleine, il jouissait de la vénération générale des riches et des pauvres. On peut bien dire que s'il entretenait des relations suivies avec ses opulents paroissiens, c'était

Mgr Darboy, et son successeur à l'évêché de Nancy.—Si nous sommes bien informés, le bref du Souverain Pontife n'aurait pu franchir les grilles de Mazas et être remis aux mains de l'infortuné prélat !

surtout pour leur rappeler l'impérieux devoir de l'aumône et pour en obtenir, au profit de toutes les misères, d'abondants secours.

Il est impossible, en effet, de donner une juste idée de tout le bien qu'a fait autour de lui cet excellent prêtre, que M. Thiers appelait, dans l'une de ses dépêches, le meilleur des hommes.

Avant d'entrer dans le ministère pastoral, M. Deguerry s'était fait remarquer par l'éloquence de ses prédications. Attaché à la congrégation des Missionnaires diocésains de Lyon, il avait évangélisé la plupart des grandes villes de France.

Frappé de l'éclat de ses vertus et de ses mérites, Napoléon III confia, il y a quelques années, l'éducation religieuse de son fils au vénérable abbé Deguerry. Plus heureux, sans nul doute, eût été le souverain qui vient de perdre, avec sa couronne, la fortune de la France, si, en toute occasion, il eût fait pour l'administration du pays comme pour la conduite des affaires politiques, des choix aussi intelligents.

Le crédit dont M. Deguerry ne tarda pas de jouir à la Cour n'influa en rien sur le cœur du saint prêtre. Il resta, au sein des grandeurs, ce qu'il avait toujours été : humble, simple, bon, et accessible à tous, et poussa même l'abnégation jusqu'à refuser l'évêché de Marseille que lui offrait l'Empereur à la mort de Mgr de Mazenod.

M. L'ABBÉ BÉCOURT.

M. Bécourt, curé de Notre-Dame de Bonne-Nouvelle, originaire d'Arras, était bien le modèle des pasteurs de paroisse. Humble et modeste, ce vénérable prêtre s'absorbait tout entier dans l'exercice de son ministère qu'il remplissait d'ailleurs avec un zèle plein de tact et de charité.

Nommé d'abord vicaire à Saint-Séverin, puis successivement curé à Dugny et à Puteaux, il venait d'être placé à la tête du clergé de Notre-Dame de Bonne-Nouvelle en remplacement du vénérable abbé Millaut, curé actuel de Saint-Roch, dont il faisait revivre, au milieu de ses nouveaux paroissiens, les aimables et apostoliques vertus.

C'est à son presbytère, qu'il avait absolument refusé de *déserter*, que M. Bécourt fut arrêté le mardi de Pâques, 11 avril. Il partagea le sort de Mgr Surat et fut tué, comme lui, au moment où il cherchait à s'enfuir de la prison de la grande Roquette.

L'abbé Bécourt s'était, depuis les premiers jours de son arrestation, préparé à mourir. Nos lecteurs pourront juger de sa belle âme en lisant les admirables sentences qu'on a trouvées écrites de sa main sur les murs de sa cellule.

Prison des condamnés à la Roquette,
Jeudi 25 mars, 45e jour de détention, quelques moments avant ma mort.

Je remets mon âme à Dieu.

Je me remets sous la protection de Marie et de saint Joseph.

J'envoie à ma bonne mère mes dernières respectueuses et affectueuses salutations. Un souvenir à mon père mort en 1840.

Adieu, chère mère, bonne sœur et bon frère !

Adieu, Monseigneur d'Arras !

Que Monseigneur d'Arras veuille bien les consoler !

. . . .

J'ai désiré être curé de Paris ; c'est un ancien pressentiment et peut-être une punition.

. . . .

Adieu à Dugny (1), aux pauvres comme aux riches. Croyez tous à mon amour en Notre-Seigneur Jésus-Christ. Adieu, Adieu !

. . . .

Je demande pardon à Dieu ;
A ma mère de mes manquements ;
A mes frère et sœur de mes duretés ;
A mes paroissiens de mes défauts ;
A mes pénitents que j'ai mal dirigés.

. . . .

Je demande pardon à tous ceux que j'ai offensés et scandalisés.

Je pardonne à tout le monde sans le moindre mouvement d'animosité ; à ceux qui, par imprudence, auraient occasionné mon arrestation et ma mort.

Au ciel ! parents et amis, au ciel !
Pardon, mon Dieu, pardon !

(1) Son ancienne paroisse.

Que ceux qui sont ennemis aujourd'hui, demain soient d'accord, et que Paris devienne une ville de frères qui s'aiment en Dieu !

Tout à Dieu, tout par Dieu !

Que Dieu soit aimé !... Que mes paroissiens croient à la parole d'un mourant !

Je me prépare comme si j'allais monter à l'autel.

Que l'on dise bien aux paroissiens et aux enfants que je meurs parce que j'ai voulu rester fidèle à mon devoir de sauver les âmes en ne quittant pas Paris.

Que tout le monde prie pour moi.

Dieu me recevra-t-il ?

Je demande que l'on me recommande partout aux prières. Priez pour le malheureux curé de Bonne-Nouvelle, si pécheur en sa vie !

Au commencement de nos malheurs, au mois de septembre, je m'étais offert en état de victime pour Paris ! Dieu s'en est souvenu.

Que mon sang soit le dernier versé !

. . . .

Mgr Daveluy, mon sous-diacre à ma première messe, a été martyrisé en Corée, en 1865.

Je meurs dans la foi et l'union à la sainte Église.

Que Dugny, que Puteaux se convertissent !

Je pardonne, je pardonne avec Jésus-Christ en croix.

Je meurs à cinquante-sept ans et... jours.

Si j'en avais profité !...

Ce vendredi 26 mai
6 heures et demie du soir.

Je meurs dans l'amour de mon Dieu avec soumission à sa volonté sainte.

Confiant dans Marie, nonobstant mes péchés.

Mes parents, mes amis, mes paroissiens et même ceux qui ne me connaissent pas personnellement, priez pour moi.

Je prierai pour vous, si Dieu me met dans son saint paradis.

Depuis deux jours, je fais mon sacrifice d'heure en heure.

Heureux celui que la foi soutient dans ce terrible moment !

Dieu veut toujours notre plus grand bien pour l'éternité.

S'il avait voulu faire un miracle !

Il ne l'a pas voulu.

Tout à sa volonté.

Un de mes confrères ayant une sainte hostie, j'ai reçu la Communion en viatique.

LE R. P. OLIVAINT.

Supérieur des PP. Jésuites de la rue de Sèvres, le R. P. Olivaint était assurément l'un des religieux les plus éminents de son ordre.

Doué d'une intelligence vive et pénétrante, et d'un zèle pour l'étude poussé jusqu'à l'excès, le P. Olivaint voulut d'abord suivre la carrière des lettres et de l'enseignement public. Entré à l'école normale supérieure vers 1837, il s'attacha à l'étude de la philosophie et devint en peu de temps l'un des brillants disciples de Victor Cousin ; mais bientôt les études historiques eurent pour lui plus d'attrait, et après avoir subi son concours d'agrégation, il fut nommé professeur d'histoire au collége royal de Grenoble.

Quelques années après, nous le trouvons précepteur chez le duc de la Rochefoucauld-Liancourt; mais, une fois l'éducation de son jeune élève terminée, attiré par la grâce divine, il obéit à une vocation plus sainte dont il avait puisé les germes, au sein des conférences de Saint-Vincent de Paul, dans les humbles pratiques des œuvres de charité, encouragé d'ailleurs par les conseils d'une des femmes les plus admirables de notre siècle, la vénérée sœur Rosalie qui l'aimait comme un fils et qui avait fait de lui le zélé visiteur de ses chers pauvres du faubourg Saint-Marceau. M. Olivaint se sépara donc du monde, et de ce qu'il avait de plus cher au monde, de sa digne et sainte mère. Ses amis se rappellent encore avec quelle touchante délicatesse il avait renoncé à tout traitement personnel en retour de la promesse donnée par le noble Duc d'assurer une honnête aisance à cette mère bien-aimée.

Libre dès lors, il entra au noviciat de la Compagnie de Jésus, et ne tarda pas à voir ses mérites de tout genre appréciés par ses supérieurs. Aussi, dès que la loi de 1850 permit aux congrégations religieuses d'ouvrir des colléges, s'empressa-t-on d'utiliser le zèle et la science du P. Olivaint. Il fut d'abord nommé préfet des études et peu après recteur du collége de Vaugirard. C'est sous lui, dans cette sainte maison, que se sont formées plusieurs générations de jeunes gens dont la conduite et le talent honorent et servent aujourd'hui le pays dans les carrières les plus diverses.

Du rectorat du collége de Vaugirard, le P. Olivaint passa, comme supérieur, à la résidence de la rue de Sèvres. Là commença pour lui un nouveau ministère que toutes les familles chrétiennes de Paris béniront à jamais.

Qui pourrait dire le bien moral et religieux accompli par lui? Que de cœurs endurcis se sont sentis pénétrés par l'onction de sa parole! Combien de pécheurs longtemps rebelles à l'action de la grâce, touchés enfin par sa persuasive charité, sont tombés à ses pieds pour se relever pardonnés!

Ah! que de larmes fait verser en ce moment la mort de cet admirable prêtre et que de prières vont s'élever au ciel ; mais assurément moins pour lui que vers lui ; car tous ceux qui ont eu le bonheur de le connaître voudront l'invoquer comme un saint (1).

LE P. CAUBERT.

Parmi les compagnons du R. P. Olivaint, nous avons nommé le P. Caubert, procureur de la province de Paris, qui renonça à tous les avantages d'une belle position (celle de sous-chef au ministère de la justice) pour revêtir l'humble habit des enfants de saint Ignace.

Au point de vue de l'expérience et de la sagesse administratives, le P. Caubert était un homme d'une grande valeur, et sa mort laisse dans la Compagnie de Jésus un vide difficile à combler.

(1) Depuis plusieurs années, le R. P. Olivaint, qui s'intéressait si vivement à toutes les questions sociales, avait pris une part active aux travaux de la société *d'éducation et d'enseignement* dont il était, avec le P. Captier, l'une des lumières.

Nous avons conservé le meilleur souvenir d'un très-remarquable rapport présenté par lui à la dernière assemblée générale de la société qui s'est tenue à Paris dans les salons du Cercle catholique, sous la présidence de Mgr Buquet, évêque de Parium.

LE P. DUCOUDRAY.

Nous trouvons encore dans ce chœur de martyrs le très-savant et très-aimé P. Ducoudray auquel nous liait une bien tendre affection.

Placé, depuis plusieurs années, à la tête de l'école Sainte-Geneviève, il avait fait de cet établissement une pépinière féconde pour toutes les écoles du gouvernement. Chaque année, sous sa direction, et par les soins d'un personnel de professeurs éminents, plus de trois cents élèves se préparaient aux redoutables concours des écoles supérieures, et bon nombre parvenaient à s'y faire admettre dans les rangs les plus honorables, au point de rendre jaloux M. le ministre Duruy lui-même, qui voyait, non sans quelque dépit, les succès toujours croissants d'un établissement qu'on appelait assez dédaigneusement autour de lui, une *école congréganiste.*

Si maintenant on veut savoir comment les élèves du P. Ducoudray appréciaient leur vénéré supérieur, qu'on lise les lignes suivantes, extraites d'une lettre écrite récemment par l'un d'eux (1) :

« Que dire du P. Ducoudray, ce noble et saint religieux dont la parole sympathique semble vibrer encore au milieu de nous et raviver dans nos âmes de doux et chers souvenirs?

« Comblé des dons de l'intelligence et de la fortune, de bonne heure il avait sacrifié tous les avantages que le monde admire aux ardeurs de sa nature généreuse et croyante. Mais, en se dérobant au monde, il avait conservé ces grâces aimables et cette exquise affabilité qui révélaient en lui une âme d'élite. Investi jeune encore de la direction de l'école Sainte-Geneviève, il en remplissait avec un dévouement sans réserve les hautes et difficiles fonctions. Pénétré du besoin de se faire aimer il savait se donner tout à tous et tempérer la rigueur de la discipline par l'onction la plus paternelle et la plus gracieuse bienveillance. Nul ne résistait à l'attrait de ce prêtre qui joignait à toutes les autres vertus de la vie apostolique l'élévation du langage

(1) M. Robert d'Esclaibes, élève ingénieur des mines.

et de la pensée, toutes les qualités qui sont l'apanage d'un grand caractère et qu'il excellait à semer dans les âmes, tant il en était la réelle et vivante personnification. »

LE P. CLERC (Alexis).

Le P. Clerc était un mathématicien distingué, attaché comme le P. Ducoudray à *l'école préparatoire* de Sainte-Geneviève.

Obéissant à une vocation d'en haut, il avait renoncé de bonne heure aux épaulettes de lieutenant de vaisseau et au juste orgueil de porter sur sa poitrine la croix de la Légion d'honneur, sacrifiant ainsi une belle carrière, pour s'enrôler dans une milice non moins honorable, mais plus parfaite encore, celle de la Compagnie de Jésus.

LE P. DE BENGY.

Issu d'une noble famille de Bourges, le P. de Bengy était tout jeune prêtre, quand il demanda et obtint l'autorisation d'accompagner le P. Parabère, comme aumônier de l'armée de Crimée.

Sa grande taille et son air décidé le faisaient bien venir auprès du soldat.

Lorsque la funeste guerre contre la Prusse éclata, l'ancien aumônier sollicita, mais vainement, le périlleux honneur d'accompagner l'armée. Il n'y avait de place alors dans l'aumônerie militaire pour aucun religieux.

« Nous ne voulons pas de zèle, » osa répondre à sa demande l'un de ceux qui disposaient des nominations...

Cependant le P. de Bengy trouva le moyen de se faire attacher à une ambulance de la société internationale. Il la suivit à Sédan et la ramena à Paris où il se dévoua, digne émule de l'abbé Allard, avec une charité admirable au service des blessés (1). C'est dans ce saint ministère qu'il a fait bénir de tous ce nom de *Jésuite* que tant de malheurenx écrivains jettent tous les jours si injustement et si impudemment en pâture à l'ignorance et aux préjugés de la foule.

(1) *L'Ordre et la liberté*, journal de Caen.

M. L'ABBÉ ALLARD.

Tous les paroissiens de Saint-Sulpice peuvent se rappeler la bonne et mâle figure de ce digne prêtre. Nous le voyons encore avec sa longue barbe, son entretien négligé, osons dire le mot, sa soutane crasseuse et râpée, parcourir d'un pas rapide les rues de notre quartier. C'est que le cher abbé n'avait ni le temps ni l'argent nécessaires pour renouveler sa garde-robe. Son unique souci était le salut des âmes et le Bon Dieu seul connaît le nombre de celles à qui son ministère a ouvert les portes du Ciel.

M. L'ABBÉ SABATIER.

M. Sabatier, vicaire de la paroisse de Notre-Dame-de-Lorette depuis 1856, appartenait à une honorable famille d'Auvergne.

Prêtre plein de zèle et de foi, il refusa obstinément d'abandonner son poste et attendit avec courage et sans le moindre trouble l'arrestation dont il était menacé.

Incarcéré d'abord à la Conciergerie, puis

à Mazas et à la Roquette, il fit partie du convoi de prisonniers fusillés à la cité Vincennes dans la fatale journée du 26 mai.

Quand on releva son corps, on le trouva horriblement défiguré. Le haut du crâne était enlevé et la poitrine criblée de balles.

M. L'ABBÉ SEIGNERET.

L'une des plus intéressantes victimes des bandits *communeux* est assurément le jeune abbé Seigneret.

A peine âgé de vingt et un ans, il suivait les cours de théologie au séminaire de Saint-Sulpice lorsque les gardes nationaux fédérés s'emparèrent de lui.

Ses Supérieurs nous le représentent comme un ange d'innocence et de piété, méritant bien d'être offert en victime pour apaiser la colère du Ciel.

Emmené en prison, il ne cessa jusqu'à la dernière minute de sa vie d'édifier ses compagnons de captivité par sa douceur et sa résignation.

Les deux billets suivants adressés par lui

quelques jours avant sa mort à M. l'abbé Sire, l'un des directeurs du Grand Séminaire, peuvent donner une idée du saint enthousiasme de notre jeune martyr.

Prison de la Roquette, 19 mai.

« Vous avez vu sans doute les discours furibonds prononcés à l'Hôtel de ville, après le renversement de la colonne Vendôme. Les journaux les ont reproduits en province et nos pauvres familles doivent être épouvantées; ce sont elles qui sont à plaindre et non pas nous. Pour nous la Commune, sans qu'elle s'en doute, nous a fait tressaillir d'espérance avec ses menaces. Serait-il donc possible qu'au début seulement de notre vie Dieu nous tint quittes du reste et que nous fussions jugés dignes de lui rendre ce témoignage du sang, plus fécond que l'emploi de mille vies! Heureux le jour où nous verrons ces choses, si jamais elles nous arrivent! Je n'y puis penser sans larmes dans les yeux! »

L'avant-veille de sa mort, le 24 mai, il écrivait encore :

« Nous sommes ici dans la prison des condamnés; j'en bénis Dieu de toute mon âme. Tout me réussit à souhait. J'avais si souvent demandé que s'il devait arriver malheur à quelqu'un, ce fût à moi! Il me semble déjà voir l'accomplissement de mon désir. Vous dire la fête où je suis serait chose difficile; je récite le *Te Deum* du matin au soir!... »

M. L'ABBÉ PERNY (1)
ET M. L'ABBÉ HOUILLON.

M. l'abbé Perny nous est très-particulièrement connu, et nous avons pour lui une sympathies des plus vives.

Bon, simple, avenant, comme tous les missionnaires, il appartient à la congrégation des Missions Étrangères. Pendant vingt ans, au milieu des persécutions les plus redoutables,

(1) Dans les premiers jours, la nouvelle de la mort de M. Perny avait été répandue, et c'est sous l'impression de cette nouvelle que nous avons écrit à son sujet ces quelques mots de biographie. Bien que nous sachions aujourd'hui que ce vénéré missionnaire ait échappé aux fureurs de la Commune, nous ne pouvons nous résoudre à retrancher de notre notice cette page dictée par un sentiment de profonde affection et de vive reconnaissance.

et bien souvent au péril de sa vie, il évangélisa la province du Khouéi-Tchéou, l'une des plus vastes et des plus peuplées du Céleste-Empire. Que de fois dans sa cellule ou dans des réunions moins intimes, nous avons recueilli de sa bouche le récit merveilleux de sa vie apostolique (1)!

Il nous souvient aussi qu'un jour, nous conduisant dans la salle dite *des Martyrs* où se conservent, comme un précieux trésor, les reliques des missionnaires mis à mort pour la foi, ainsi que les instruments de leur supplice, il me dit en souriant : « Eh bien! cher « Monsieur, voilà la mort que j'envie. » Hélas! le saint prêtre ne se doutait pas que quelques mois plus tard ses vœux se trouveraient sur le point d'être exaucés, et qu'il aurait pour geôliers sinon pour bourreaux, oserais-je bien le dire, non pas, cette fois, des Japonais ou des Chinois, mais... des Français!

Rentré dans sa patrie depuis deux ans pour

(1) Bien souvent le vénérable missionnaire s'est fait un plaisir de charmer nos soirées du Cercle catholique, en nous racontant de la manière la plus ravissante ses impressions de voyage au milieu des populations de l'extrême Orient.

rétablir sa pauvre santé, l'abbé Perny consacrait le temps de son repos forcé à une œuvre importante, au double point de vue de la science philologique et de l'instruction des missionnaires, lorsqu'il fut arrêté par les Fédérés. Nous voulons parler de la publication d'un dictionnaire français-latin-chinois, pour lequel il a dû, avec une véritable patience de bénédictin, dessiner et faire fondre sous ses yeux les innombrables et bizarres caractères typographiques de la langue chinoise, qu'il lui était impossible de se procurer en Europe.

M. l'abbé Houillon fut le digne compagnon d'apostolat de l'abbé Perny et il évangélisa comme lui pendant plusieurs années une autre grande province de l'Empire chinois, celle du Sué-Tchuen. Mais plus heureux que son collègue, en tombant à Belleville sous les balles de ses assassins, il est allé recevoir au ciel la couronne des martyrs à laquelle il avait aspiré dès sa plus tendre jeunesse !

M. L'ABBÉ PLANCHAT (1).

Au nombre des victimes les plus humbles, mais non pas les moins saintes, de la rage *communeuse*, il faut compter encore le vénérable et apostolique abbé Planchat.

Sa vie, hélas! si promptement tranchée, n'est qu'une longue suite d'actes de dévouement en faveur des ouvriers et des pauvres. Renonçant à tous les avantages que pouvaient lui offrir les dignités ecclésiastiques, il s'était fait depuis plus de quinze ans l'ami de ceux qui souffrent. C'était un vrai saint Vincent de Paul, occupé du matin au soir à visiter les familles indigentes, surtout celles qui étaient chargées d'enfants. On peut dire, en effet, que le dévouement à l'enfance était sa vertu de prédilection. Remplissant les fonctions, absolument gratuites, d'aumônier d'une maison de patronage dans le quartier populaire de Charonne, il prodiguait ses soins spirituels et même temporels à plus de trois cent

(1) M. l'abbé Planchat appartenait à l'institut des frères de Saint-Vincent de Paul, fondé par M. l'abbé Leprévost. La mission de cet institut est de se consacrer à l'œuvre du Patronage des Apprentis et des Jeunes Ouvriers.

cinquante pauvres petits apprentis qu'il suivait partout de sa paternelle sollicitude, à l'atelier, dans leurs familles, à l'hôpital et jusqu'au cimetière, quand il venait à perdre l'un de ses chers patronnés. Aussi, fallait-il voir avec quel empressement chaque enfant l'abordait, accourant pour recevoir de lui une caresse, un bonjour, une poignée de main, une médaille ou une image et quelquefois (si la bourse du pauvre prêtre n'était pas absolument vide) une petite pièce blanche pour la mère malade ou pour le père sans travail. Eh bien! c'est cet ami des pauvres, des souffrants, des délaissés de ce monde que les indignes *communeux* ont eu l'infamie de tuer à coups de crosses et de baïonnettes. Oh! cela est horrible et la postérité ne voudra jamais croire à un pareil forfait!!

LES RELIGIEUX DE PICPUS

La Congrégation de Sacrés-Cœurs de Jésus et de Marie, dite de Picpus, a eu elle aussi l'insigne honneur de compter quatre de ses membres parmi les victimes de la Commune.

Ce sont les révérends pères Ladislas Radigue, prieur de la Maison principale; Jules Tuffier, procureur général de la Congrégation; Marcellin Rouchouze, secrétaire du supérieur général, et Frézal-Tardieu, membre du Conseil du même supérieur général.

Ces quatre vénérables prêtres furent arrêtés avec huit autres de leurs collègues et quatorze frères convers dans la journée du 12 avril, puis enfermés comme la plupart des otages ecclésiastiques d'abord à la Conciergerie et à Mazas, et en dernier lieu, à la prison de la grande Roquette.

Leur feuille d'écrou porte à la colonne des motifs d'incarcération cette mention significative : *Prêtres et Religieux.*

N'est-ce pas dire en trois mots que ces hommes de Dieu sont vraiment des confesseurs et des martyrs?

Du reste, pendant les quarante-cinq jours que dura leur captivité, ils ne cessèrent de montrer la sérénité la plus parfaite. C'était pour eux, prêtres de Jésus-Christ, un bonheur de souffrir à l'exemple de leur divin Maître, et cela à tel point, que le P. Ladislas Radigue a pu écrire quelques jours avant sa mort ces étonnantes paroles : « Ne vous inquiétez pas à mon sujet, je surabonde de joie dans mes tribulations. »

La journée du 26 mai vit consommer leur sacrifice. Conduits vers le soir sur les hauteurs de Belleville avec les RR. PP. Jésuites, ils furent comme eux, ainsi que nous l'avons raconté, massacrés de la manière la plus horrible, aux cris atroces de : Vive la Commune !!

LE R. P. CAPTIER

LES RELIGIEUX DOMINICAINS, LES PROFESSEURS ET LES SERVITEURS DU COLLÉGE D'ARCUEIL (1).

Il me reste à parler avec quelques détails, de nos pauvres chers PP. Dominicains d'Arcueil. Mais ici, plus que jamais mes idées se troublent et les larmes obscurcissent mes yeux.

(1) C'est pour nous une consolation de rappeler ici le nom de ces martyrs. Les voici : Le R. P. Louis-Raphaël Captier, premier assistant du tiers-ordre enseignant, fondateur et Prieur de l'école Albert-le-Grand. Le P. Thomas Bourard, prêtre profès de l'Ordre des Frères Prêcheurs, lecteur en théologie, au-

Le R. P. Captier, fondateur et prieur du collége Albert-le-Grand, était pour moi un ami de trente ans. Je l'aimais tendrement et je le pleure aujourd'hui comme un frère. Assis avec lui sur les bancs de notre cher collége d'Oullins, sous la direction d'un maître bien-aimé, l'excellent et vénérable abbé Dauphin, je l'ai vu grandir, je puis bien le dire, en âge et en sagesse, et devenir l'un des hommes distingués de notre époque comme aussi l'un des éducateurs les plus éminents de la jeunesse.

Nature admirablement douée, intelligence supérieure, caractère d'une incroyable énergie, cœur ouvert à tous les sentiments généreux, ardent, enthousiaste et battant avant tout pour la gloire de Dieu, le triomphe de l'Église et l'amour de la France, le R. P. Captier exerçait sur tous ceux qui l'approchaient une sorte de fascination par le charme de son esprit et l'affabilité de ses manières.

mônier. Le P. Constant de Delhorme, prêtre, régent des études. Le P. Henry Cotrault, prêtre, procureur du collége. Le P. Gabriel Chatagneret, sous-diacre, professeur. MM. François Volant et Antoine Gauquelin, maîtres auxiliaires; Aimé Gros, Antoine Marce, Thédore Cathala, François Duntroz et Joseph Cheminal, serviteurs de l'école Albert-le-Grand.

Mis en relation, au sortir du collége, avec le P. Lacordaire, il devint son disciple chéri et l'un des quatre premiers novices du tiers-ordre enseignant ; puis, une fois ses études théologiques terminées et les saints ordres reçus, il ne tarda pas à être nommé censeur de l'école de Sorrèze, puis maître des novices et enfin Prieur de la maison d'Oullins, dont l'abbé Dauphin venait de transmettre les destinées au nouvel institut du P. Lacordaire.

Nous ne dirons rien du zèle et de l'intelligence avec lesquels cet établissement continua d'être gouverné. On le devine sans peine.

Cependant Paris réclamait, comme Lyon, la fondation d'un collége dominicain, et, vers le mois de mai de l'année 1863, le P. Captier fut choisi par ses supérieurs pour en poser les premières assises.

Raconter tout ce que cette fondation coûta au P. Captier de peines et de soins, quel courage, quelle persévérance il dut déployer pour vaincre la mauvaise volonté, disons plus justement, l'hostilité manifeste des Ministres de l'Intérieur et de l'Instruction publique du gouvernement d'alors, n'est pas chose facile, et, d'ailleurs, cela nous entraînerait trop loin. Qu'il nous suffise de rappeler qu'à force de ténacité, le jeune religieux sortit victorieux de la lutte, et qu'au mois d'octobre de la même année, il put recevoir ses premiers élèves dans le vieux château Berthollet, situé aux portes de Paris, sur les hauteurs du village d'Arcueil.

Nous avons assisté à la naissance de ce collége et nous l'avons vu, en quelques années, se développer par une série non interrompue de merveilleux progrès (1).

(1) La direction du collége d'Arcueil ne pouvait absorber tout entière l'étonnante activité du P. Captier. Aussi avons-nous vu notre saint ami prendre part, en dehors de ses fonctions de Prieur, à une foule de travaux. Il fut l'un des fondateurs de la Société d'éducation et d'enseignement. De plus, il donna l'année dernière dans les salons du Cercle catholique une série de remarquables conférences sur l'éducation. Il prit enfin une part importante aux travaux de la commission de l'enseignement supérieur que le gouvernement impérial avait instituée quelques mois avant sa chute, sous la présidence de M. Guizot. On a du R. P. Captier, outre des manuscrits nombreux et des lettres précieuses qui ne seront pas, nous l'espérons, perdus pour ses amis, plusieurs discours dont voici les titres : *des Sciences Positives ; de l'École Libre et de ses rapports avec les Familles ; le collége chrétien devant la société moderne ; Quelques pensées sur l'éducation nationale; Matérialisme et spiritualisme; de la Haute Éducation et de l'Esprit de famille; la Réforme sociale par l'enseignement ; Discours sur la liberté de l'enseignement supérieur* (1868

C'est dans ce même collége, transformé en ambulance (1) pendant les deux siéges, que les PP. Bourard (2), Cotrault (3), Delhorme (4), Chatagneret (5) et les autres compagnons de martyre du P. Captier prodiguaient depuis

et 1870). Peu de jours avant son arrestation, le R. P. Captier mettait la dernier main à une série de lettres sur la Vie Religieuse. Quatre de ces lettres sont entièrement terminées. (*Les Martyrs d'Arcueil*).

(1) Environ quinze cents blessés ou malades ont été reçus et soignés dans cette ambulance depuis le mois de septembre dernier.

(2) Le P. Bourard appartenait au grand ordre de Saint-Dominique. Inscrit comme avocat au barreau de Paris, il renonça dès 1841 à une belle carrière pour se faire le disciple du P. Lacordaire qu'il suivit d'abord au couvent de la Quercia et plus tard à celui de Bosco. Théologien distingué, prédicateur d'une précieuse et remarquable originalité, le P. Bourard exerçait au collége d'Arcueil les fonctions d'aumônier. Il est impossible de dire à quel point il avait su conquérir la confiance et l'affection des élèves.

(3) Le P. Henry Cotrault, procureur de l'école Albert-le-Grand, était un élève des PP. Dominicains ; il entra fort jeune au noviciat, se fit remarquer par des qualités solides du prudence et de sagesse pratique, et rendit les plus grands services à l'œuvre naissante d'Arcueil. Pendant les deux siéges il dirigea l'ambulance du collége et prodigua d'une manière extrêmement heureuse les soins de son ministère à un grand nombre de blessés.

(4) Le P. Delhorme, régent des études du collége, était un mathématicien de mérite. Dès 1854, il s'attacha au P. Lacordaire qu'il accompagna à Sorreze et devint l'un des premiers profès du tiers-ordre enseignant.

(5) Le P. Chatagneret, le plus jeune des martyrs d'Arcueil, était entré dans l'ordre de Saint-Dominique depuis peu d'années seulement. Chargé de l'enseignement des petits enfants, cet excellent religieux se plaisait dans ces modestes fonctions qu'il ne cessa de remplir avec un parfait dévouement.

plus de huit mois aux malheureux blessés de toute nationalité et de tout drapeau, le dévouement le plus infatigable, lorsqu'à la suite d'une trahison infâme (1), ces vénérables religieux furent arrêtés par les bandits de la Commune qui devaient se charger d'acquitter si tôt envers eux, de la manière qu'on sait, la dette de gratitude de Paris et de la France.

Mais il est temps de finir. Aussi bien la plume tombe-t-elle des mains devant de semblables abominations !

Efforçons-nous donc, s'il se peut, d'oublier les bourreaux pour ne plus penser qu'à la gloire des martyrs, et à l'exemple de Mgr Affre, de sainte mémoire, demandons à Dieu que le sang de ces pures victimes soit le dernier versé !

Puis, comme moralité, méditons ces simples réflexions, de nature, ce nous semble, à faire impression sur tout homme de sens et de cœur.

Premièrement : Nous n'avons plus le droit

(1) On assure, en effet, que les PP. Dominicains ont dû leur arrestation à la dénonciation d'un misérable qu'ils avaient soigné dans leur ambulance, à l'époque du premier siége.

maintenant dans notre pauvre France de parler des Visigoths et des Vandales. En fait d'atrocité, les *massacreurs* et les incendiaires de la Commune de Paris ont atteint, sinon dépassé, les hordes des Alaric et des Attila !

Secondement : De tels crimes ne sont possibles que dans une société profondément perverse, chez laquelle la notion de Dieu et de l'âme immortelle est bien près de s'éteindre et qui par conséquent se hâte vers sa ruine.

Troisièmement : C'est très-certainement en haine de l'Église Catholique, Apostolique et Romaine que ces massacres ont été commis (1). Nous n'avons pas appris en effet qu'on ait trouvé jusqu'à ce jour, parmi les personnes immolées, des ministres protestants ou des rabbins juifs. Ne peut-on pas dès-lors décerner la palme du martyre aux victimes dont le sacrifice a été comme la rançon de Paris ?

Quatrièmement, et c'est par là que nous terminerons : Ceux-là assurément sont bien

(1) Le fait suivant en est la preuve : M. l'abbé Amodru, répondant à une interrogation, qu'il était prêtre et vicaire de la paroisse de Notre-Dame-des-Victoires : — Eh bien, c'est là justement le délit ! répliqua l'officier de la Commune...

injustes, bien ingrats et bien coupables, qui, à tout propos, parlent mal des religieux et des prêtres. Mais combien sont plus coupables encore les écrivains qui, trempant leur plume dans un fiel empoisonné, remplissent sans cesse les feuilles publiques des plus noires calomnies contre le clergé et les choses saintes ! Comme les bourreaux du Divin Crucifié, tous ne savent peut-être pas ce qu'ils font, eh bien ! qu'ils l'apprennent aujourd'hui. Ils aiguisent le poignard et arment le fusil qui, à un jour donné, fait tomber dans le sang les meilleurs amis du peuple et les plus généreux citoyens !!...

P.-S. — Parmi les prêtres et les religieux échappés au massacre, nous sommes heureux de compter, outre M. Perny, M. Guérin, son confrère des Missions Étrangères, dont les journaux viennent de nous révéler un trait d'admirable héroïsme (1), M. l'abbé Bayle,

(1) Dans la seconde journée du massacre de la Roquette, à l'heure de l'appel des condamnés, M. Guérin voulait avec insistance répondre au lieu et place d'un prisonnier, père de famille, qui eut la générosité de refuser ce sublime sacrifice.

le digne promoteur du diocèse de Paris, M. l'abbé Petit, secrétaire général de l'Archevêché, MM. Icard (1), Roussel et Bacuès, de la Compagnie de Saint-Sulpice, M. Gard et cinq autres séminaristes : le P. Bazin, de la Compagnie de Jésus, le vénérable abbé Croze, aumônier de la Roquette, M. Juge, aumônier des Sœurs-Aveugles, M. l'abbé Mauléon, curé de Saint-Séverin, M. Blondeau, curé de Plaisance, M. Lartigue, curé de Saint-Leu, M. Amodru, vicaire de Notre-Dame des Victoires (2). M. de Marsy, vicaire de Saint-Paul, M. Lamazou, vicaire de la Madeleine, MM. Lesmayou et Méhudin, vicaires de Notre-Dame de la Gare (3), le P. Siméon Dumonteil, ancien missionnaire à Tahïti et les RR. PP. Picpussiens, Laurent Besquet, Saintin, Carchon, Chilibert, Tourel,

(1) MM. Icard et Roussel avaient été incarcérés dans la prison dite *de la Santé*. Le directeur de cette prison, animé de sentiments plus humains que ses confrères de Mazas et de la Roquette, permit à ces messieurs de célébrer quotidiennement le saint sacrifice de la messe, ce qui fut pour eux une source d'ineffables consolations.

(2) M. Amodru a publié un récit extrêmement intéressant de sa captivité.

(3) M. Méhudin fut placé par les insurgés sur le haut d'une barricade et resta pendant quatre heures exposé à la mitraille de l'armée versaillaise !... Le Bon Dieu permit qu'il ne reçût aucune blessure !

Sosthène Duval et Constantin Lemarchand.

Au nombre des otages civils qui ont pu également être délivrés par les troupes versaillaises, se trouvent M. Chevillot, proviseur du lycée de Vanves, M. Rabut, commissaire de police à la Bourse, M. Dereste, ancien officier de paix, M. Chaulieu, employé à la Préfecture de police, et M. Eyrard, sergent-major au 106me bataillon.

BIBLIOTHÈQUE NATIONALE R.F. IMPRIMÉS

PARIS. — IMP. VICTOR GOUPY, 5, RUE GARANCIÈRE.

227

www.ingramcontent.com/pod-product-compliance
Ingram Content Group UK Ltd.
Pitfield, Milton Keynes, MK11 3LW, UK
UKHW031940260826
14628UKWH00004B/1761

9 782012 964013